FEMINIST ACTIVITY BOOK
Copyright © 2016 Gemma Correll
Korean Translation Copyright © 2018 by SILCHEONMUNHAK Publishing

This edition published by arrangement with Seal Press, an imprint of Perseus Books, LLC,
a subsidiary of Hachette Book Group, Inc., New York, USA.
All rights reserved.

Korean edition is published by arrangement
with Perseus Books
through Duran Kim Agency, Seoul.

이 책의 한국어판 저작권은 듀란킴 에이전시를 통한 Perseus Books Group과의 독점계약으로 (주)실천문학에 있습니다.
저작권법에 의하여 한국 내에서 보호를 받는 저작물이므로 무단 전재와 무단 복제를 금합니다.

젬마 코렐 지음 · 한국여성의전화* 옮김

*한국여성의전화 활동가 란희, 정, 문숙, 선혜, 재재, 유미가 함께 번역함

당신은 페미니스트인가요?

당신은 모든 사람이
젠더에 상관없이
평등하다는 것을 믿습니까?

당연하지!

아니.

예-에! 당신은 **페미니스트**

진짜?!
모두가 평등하다는 걸
믿지 않는다고요?
와우..... 오케이 -.-

페미니스트 ABC

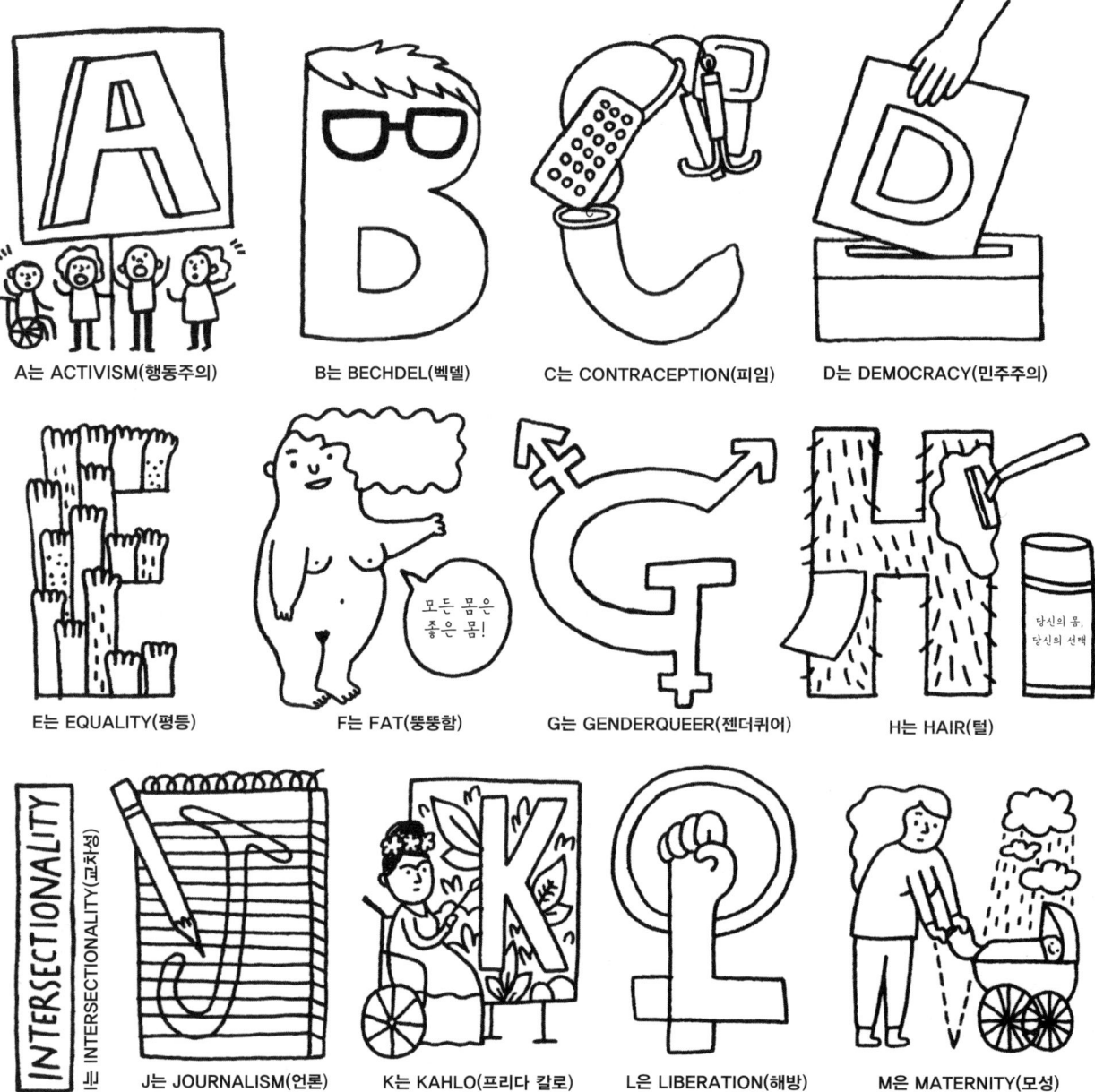

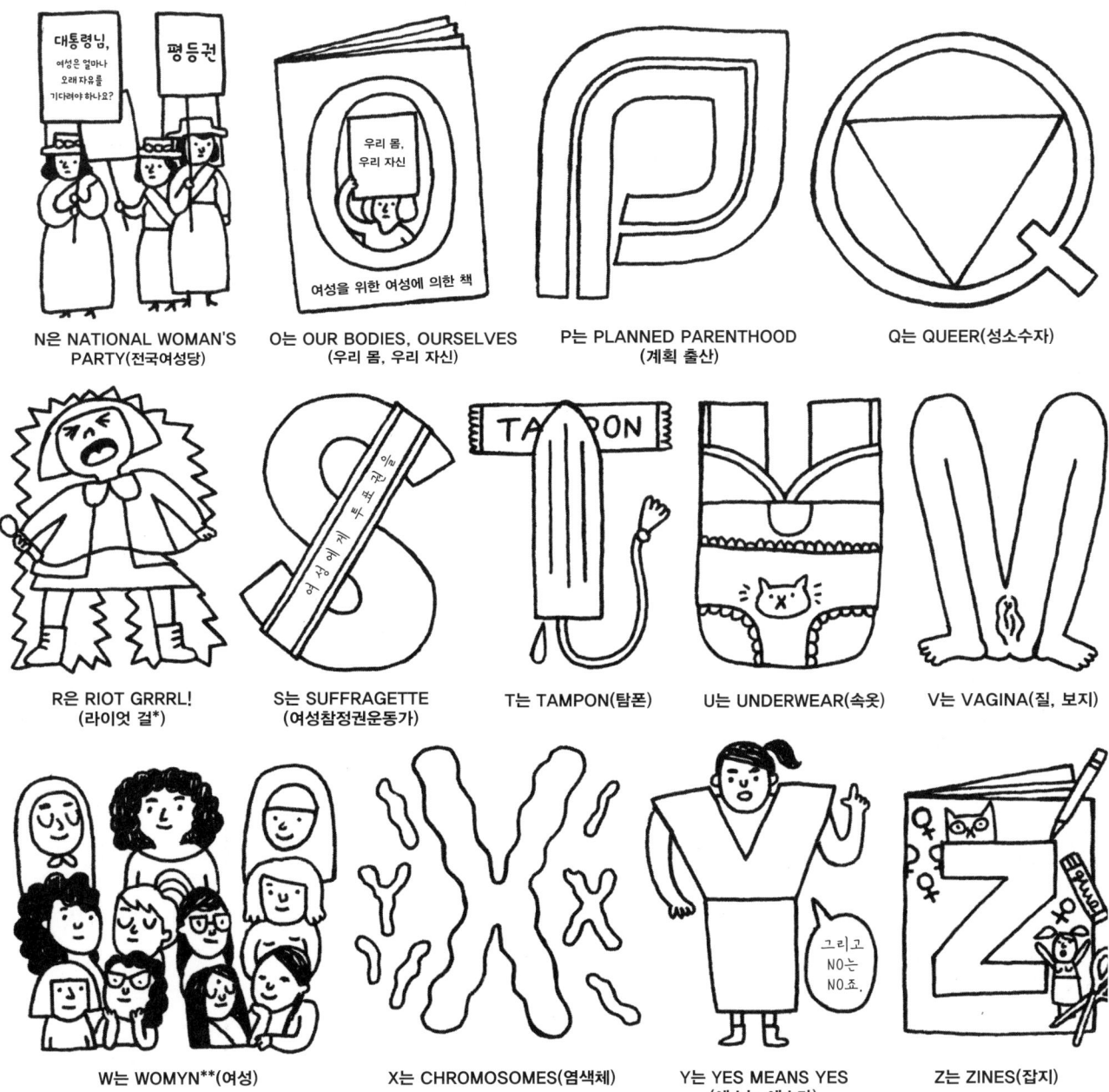

N은 NATIONAL WOMAN'S PARTY(전국여성당)
O는 OUR BODIES, OURSELVES(우리 몸, 우리 자신)
P는 PLANNED PARENTHOOD(계획 출산)
Q는 QUEER(성소수자)
R은 RIOT GRRRL!(라이엇 걸*)
S는 SUFFRAGETTE(여성참정권운동가)
T는 TAMPON(탐폰)
U는 UNDERWEAR(속옷)
V는 VAGINA(질, 보지)
W는 WOMYN**(여성)
X는 CHROMOSOMES(염색체)
Y는 YES MEANS YES(예스는 예스다)
Z는 ZINES(잡지)

* 1990년대 초 워싱턴 주와 북태평양 일대에서 유래한 언더그라운드 페미니스트 하드코어 펑크 운동. https://en.wikipedia.org/wiki/Riot_grrrl 참조
** 남성을 지칭하는 명사 Men에서 여성을 지칭하는 명사 Women이 파생되었는데, 이에 내포된 성차별을 피하고자 페미니스트들이 고안한 대안적인 철자

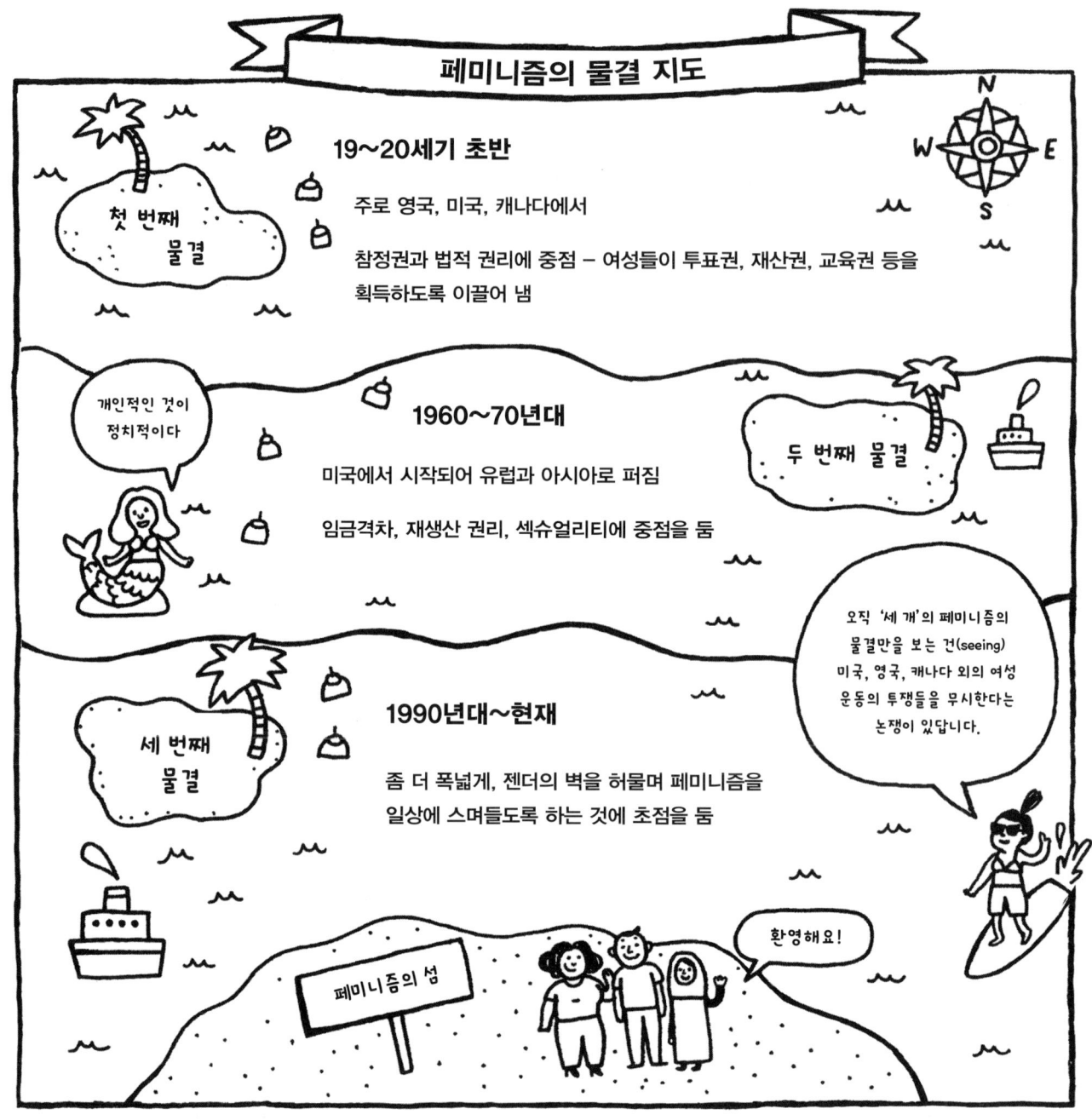

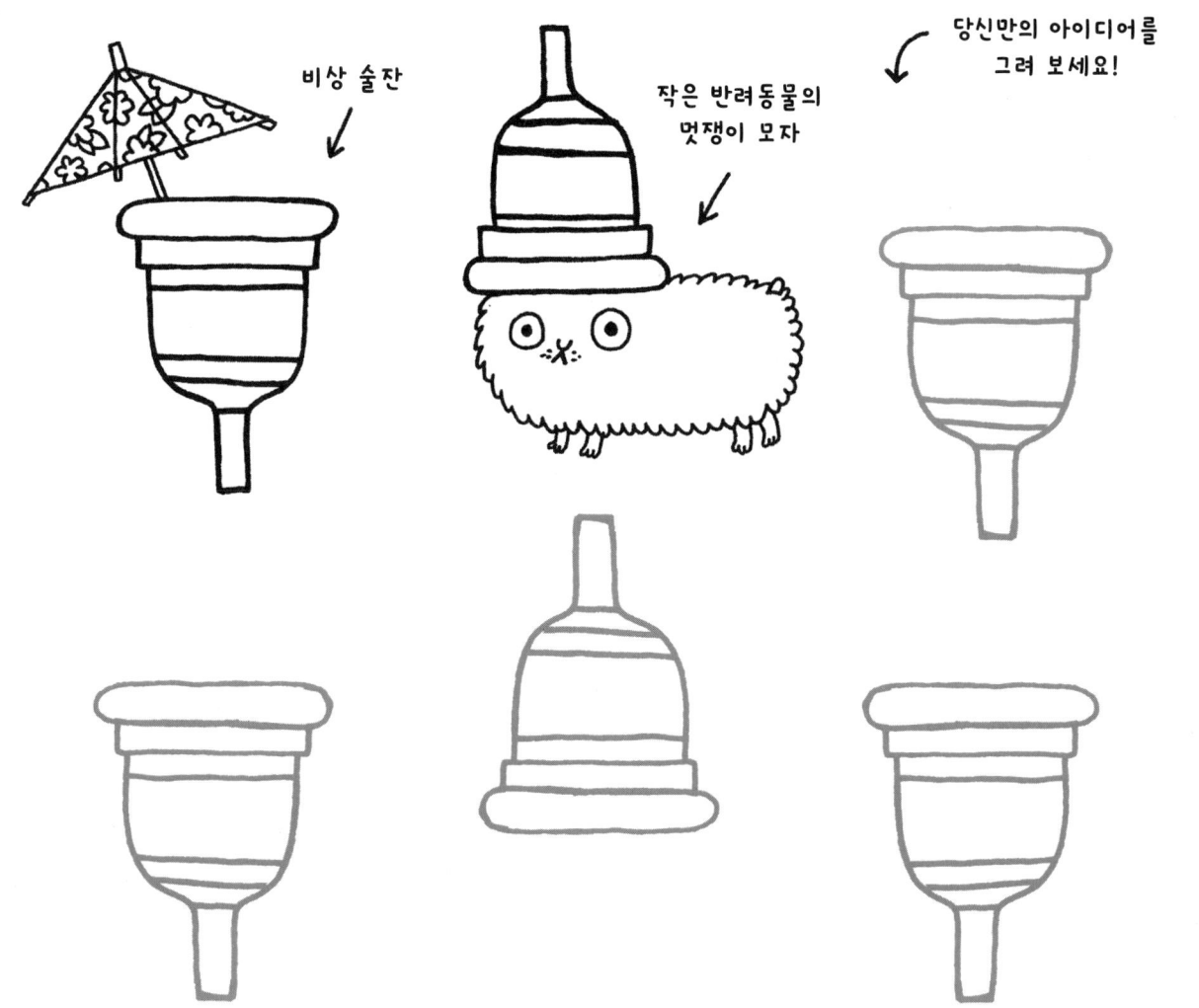

벡델 테스트

앨리슨 벡델, 엄청난 만화가

벡델 테스트에 통과하기 위해서는 남자 얘기 말고 다른 주제로 대화하는 두 명 이상의 여성들이 등장해야 해요.

벡델 테스트를 통과한 영화들!

판타스틱 소녀백서
(테리 즈위고프, 2001)

델마와 루이스
(리들리 스콧, 1991)

클루리스
(에이미 해커링, 1995)

크래프트 (앤드루 플레밍, 1996)

당신이 좋아하는 영화가
벡델 테스트에 통과했는지
확인해 보세요.

제목 _____
통과했어? 응 ☐   아니 ☐

제목 _____
통과했어? 응 ☐   아니 ☐

제목 _____
통과했어? 응 ☐   아니 ☐

제목 _____
통과했어? 응 ☐   아니 ☐

제목 _____
통과했어? 응 ☐   아니 ☐

제목 _____
통과했어? 응 ☐   아니 ☐

제목 _____
통과했어? 응 ☐   아니 ☐

제목 _____
통과했어? 응 ☐   아니 ☐

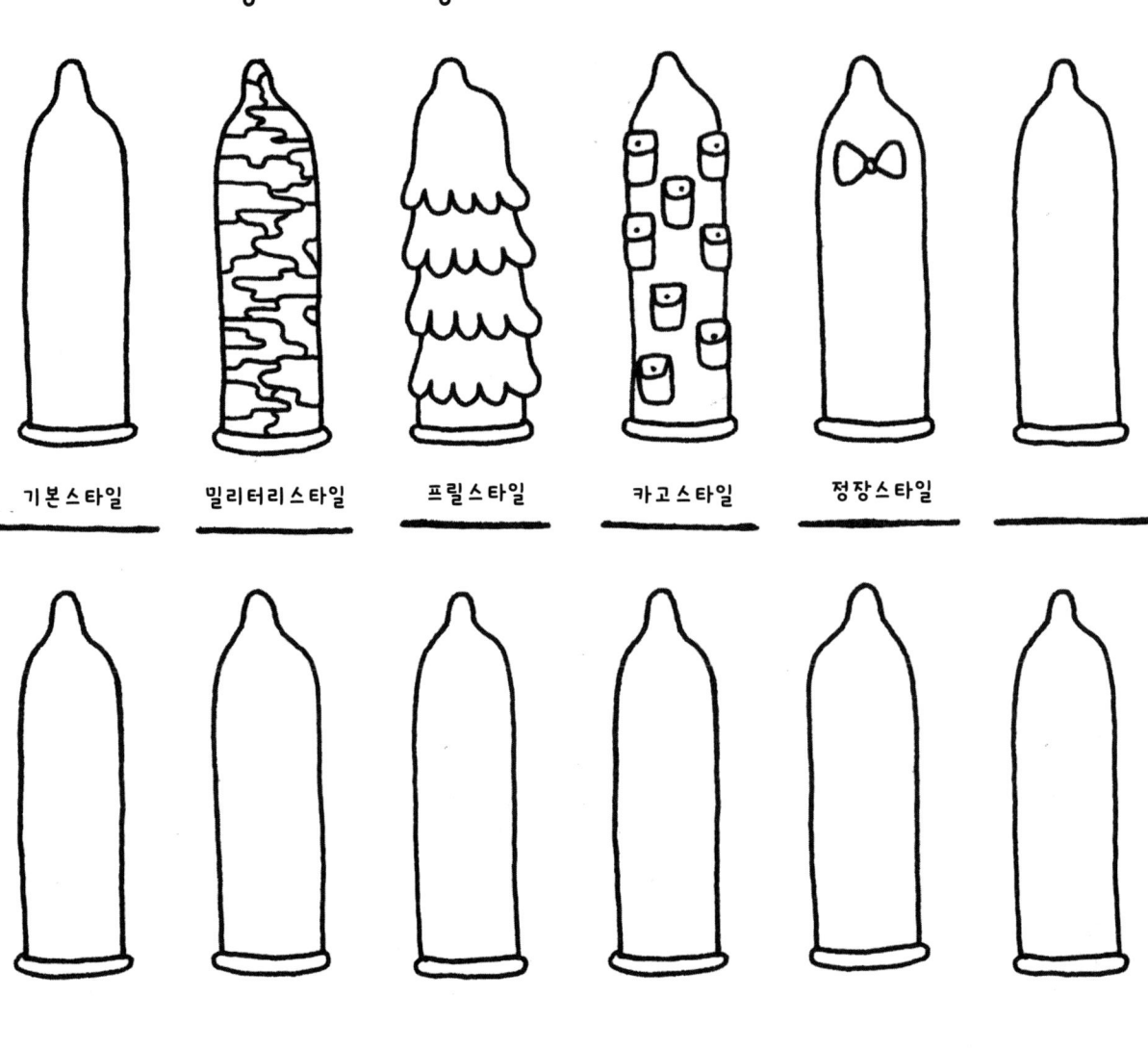

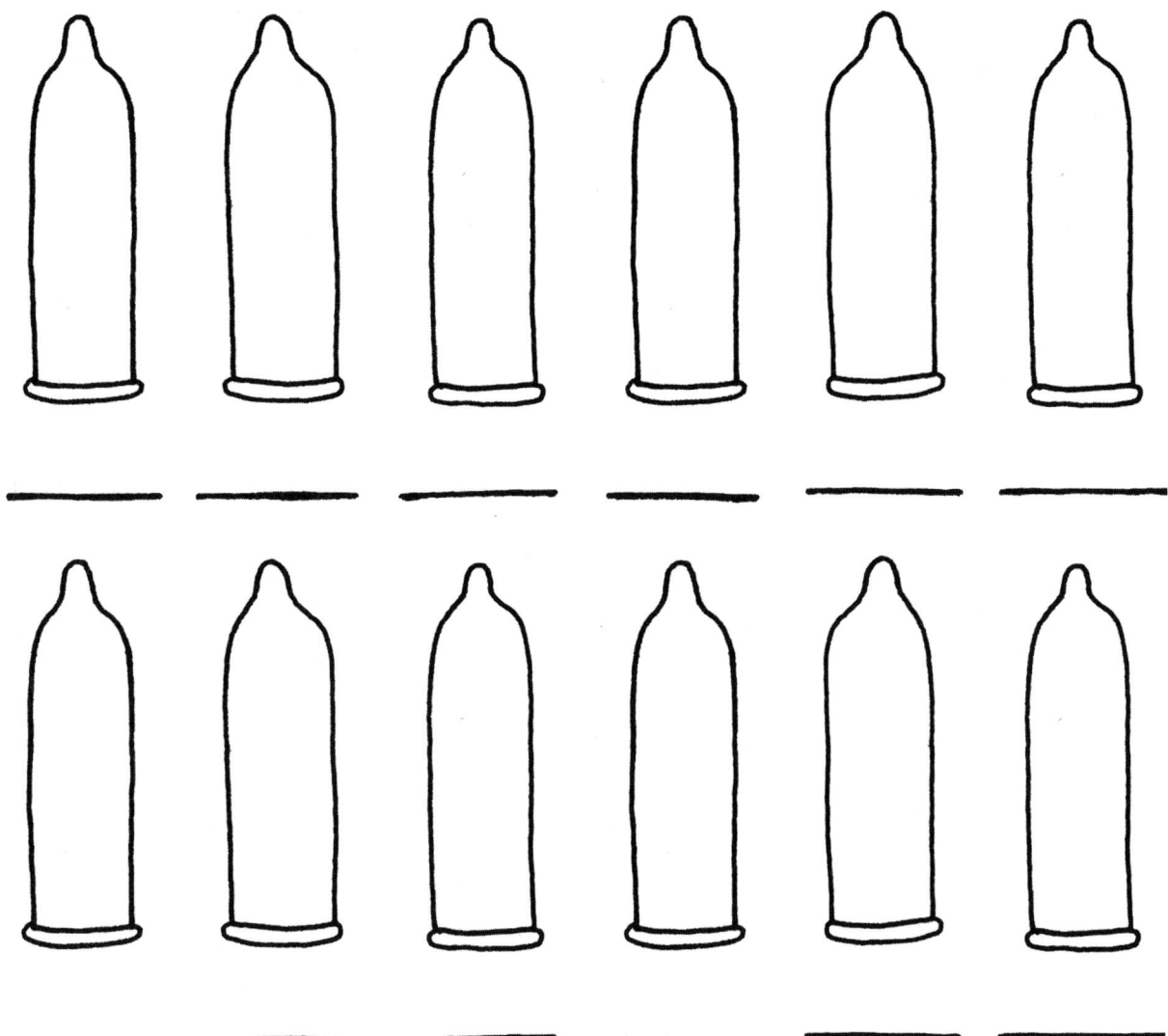

페미니스트 북 클럽

여성주의 고전 읽고 리뷰하기

모두를 위한 페미니즘 — 벨 훅스
☆☆☆☆☆
NOTES _____

아름다움의 신화 — 나오미 울프
☆☆☆☆☆
NOTES _____

젠더트러블 — 주디스 버틀러
☆☆☆☆☆
NOTES _____

우리는 모두 페미니스트가 되어야 합니다 — 치마만다 응고지 아디치에
☆☆☆☆☆
NOTES _____

비만은 페미니즘의 주제다* — 수지 오바크
☆☆☆☆☆
NOTES _____

컨트 독립선언 — 잉가 무시오
☆☆☆☆☆
NOTES _____

* 국내에 번역되지 않은 도서로, 〈몸에 갇힌 사람들〉에 나와 있는 제목을 그대로 따옴

더 컬러 퍼플 앨리스 워커 ☆☆☆☆☆ NOTES _____	**빌러비드** 토니 모리슨 ☆☆☆☆☆ NOTES _____	**댈러웨이 부인** 버지니아 울프 ☆☆☆☆☆ NOTES _____
붉은 천막 애니타 다이어먼트 ☆☆☆☆☆ NOTES _____	**시녀 이야기** 마가렛 애트우드 ☆☆☆☆☆ NOTES _____	**각성** 케이트 쇼팽 ☆☆☆☆☆ NOTES _____

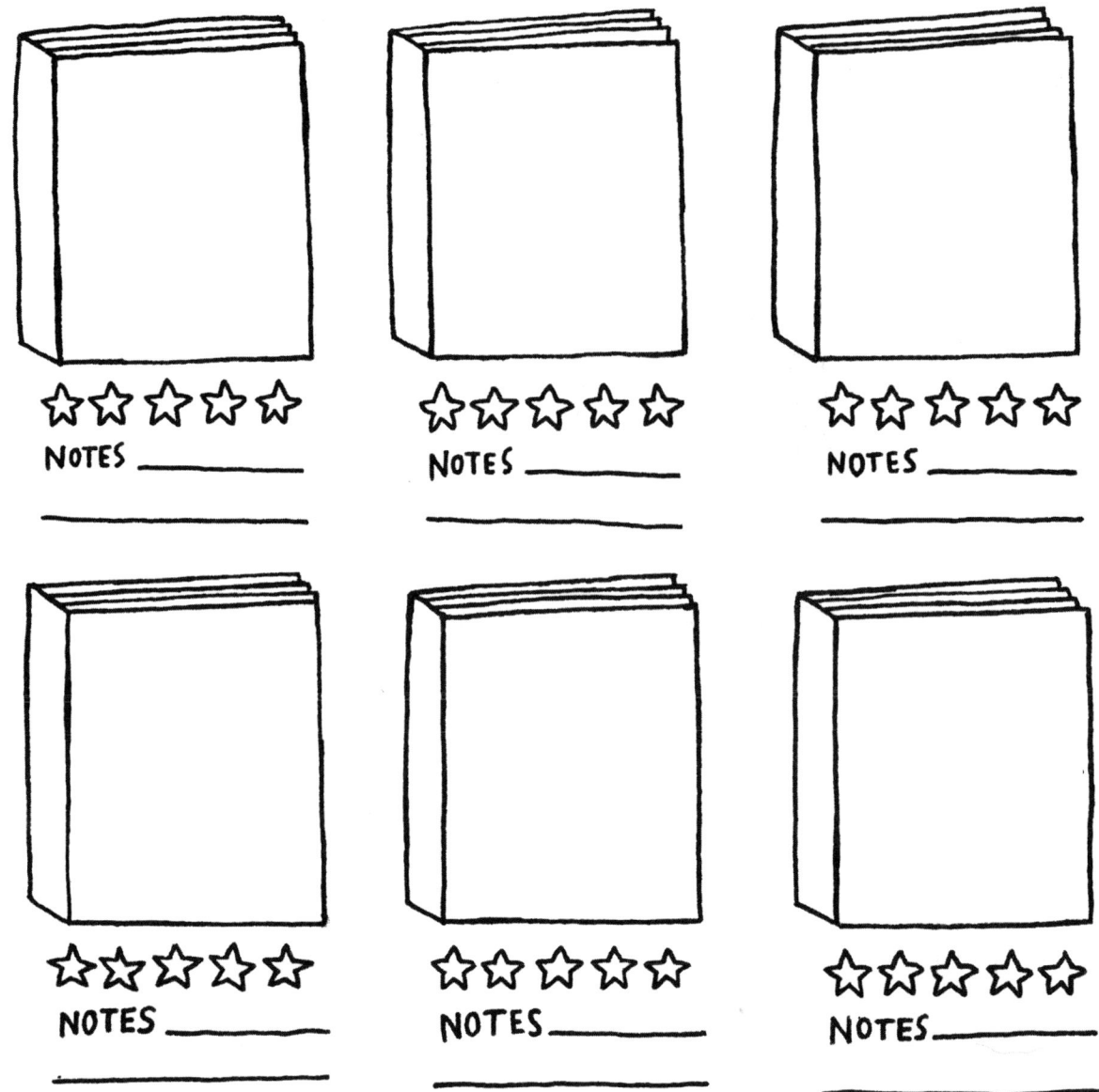

성정체성과 그 설명으로 맞는 것을 이어 보세요.

Cis(시스)

Trans(트랜스)

Gender Fluid (젠더플루이드)

Agender(에이젠더)

Intersex(간성)

Demi(데미)

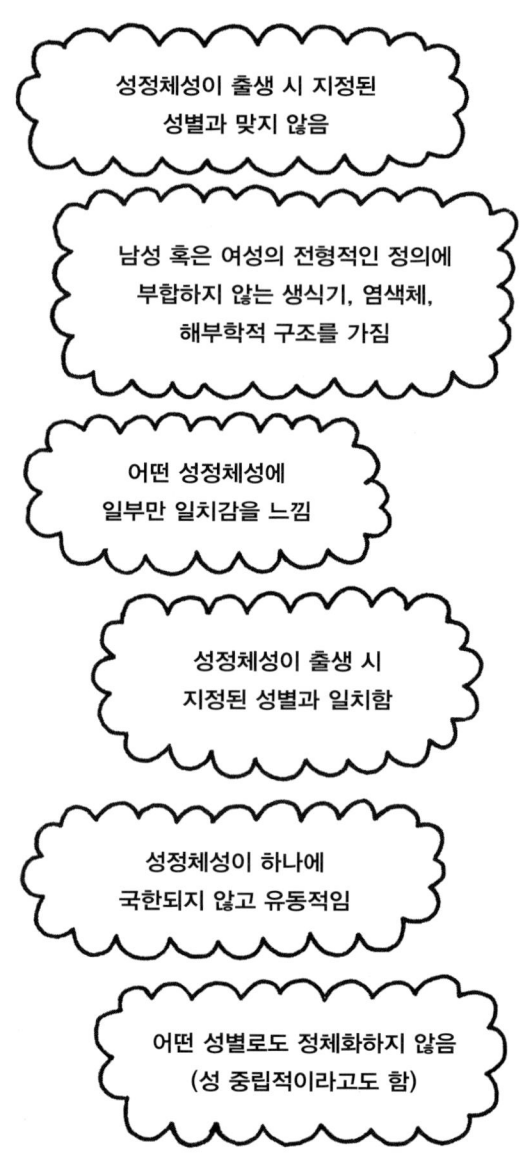

성정체성이 출생 시 지정된 성별과 맞지 않음

남성 혹은 여성의 전형적인 정의에 부합하지 않는 생식기, 염색체, 해부학적 구조를 가짐

어떤 성정체성에 일부만 일치감을 느낌

성정체성이 출생 시 지정된 성별과 일치함

성정체성이 하나에 국한되지 않고 유동적임

어떤 성별로도 정체화하지 않음 (성 중립적이라고도 함)

▶ 59쪽 해답 참고

색칠놀이

광고에 나오는 '점잖은' 파란 용액 따위는 저리 가라!
빨간 펜과 빨간 색연필을 가져와서, 여기 생리 용품들을 신나게 칠해 봐요.
아주 멋진 피투성이로 만들어 버리자고요!

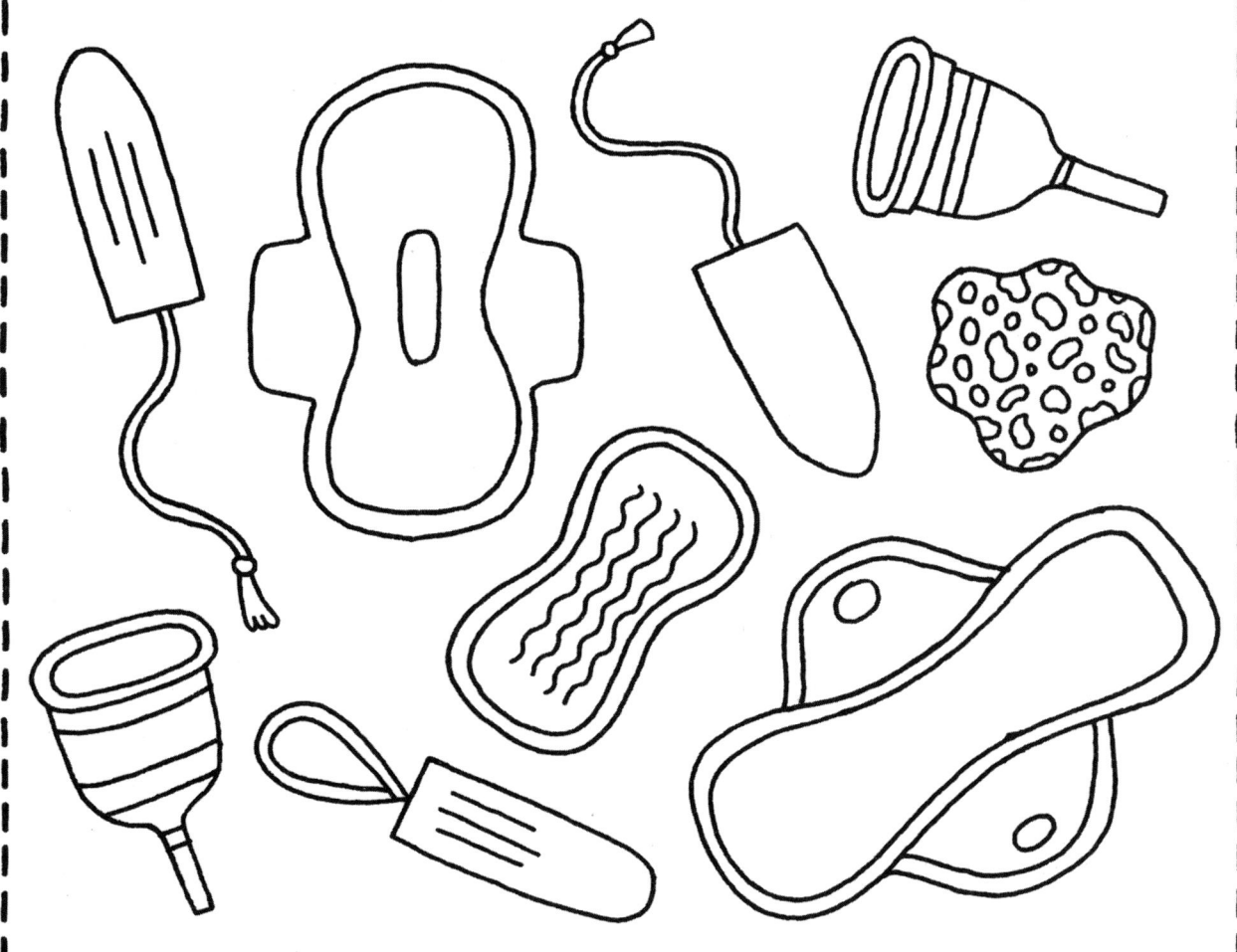

_____의 페미니스트 선곡 리스트

- Bratmobile – GIMME BRAINS
- Nirvana – BEEN A SON
- Nina Simone – FOUR WOMEN
- Destiny's Child – SURVIVOR
- Sleater-Kinney – IT'S ENOUGH
- Salt-N-Pepa – NONE OF YOUR BUSINESS

웬디를 찾아라

여기 포춘지가 선정한 500대 기업의 CEO 500명이 있어요.
26명의 여성, 4명의 아프리카계 미국인, 15명의 아시아계/라틴계 미국인을 찾아보세요.

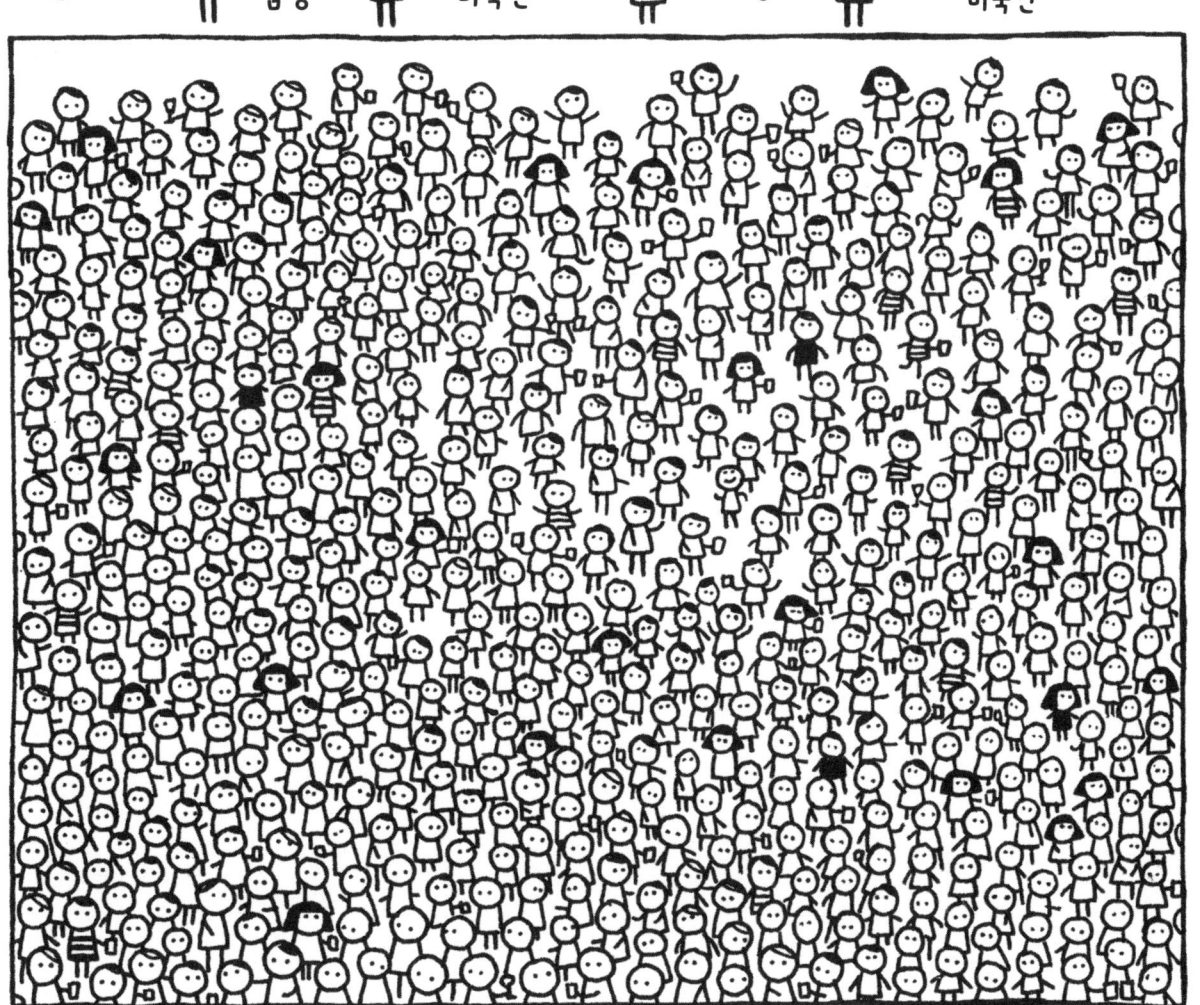

* 네, 500명의 CEO 중 여성은 단 5.25%에 불과하며, 아프리카계 미국인은 1% 미만, 아시아계/라틴계 미국인도 3%에 불과하죠.

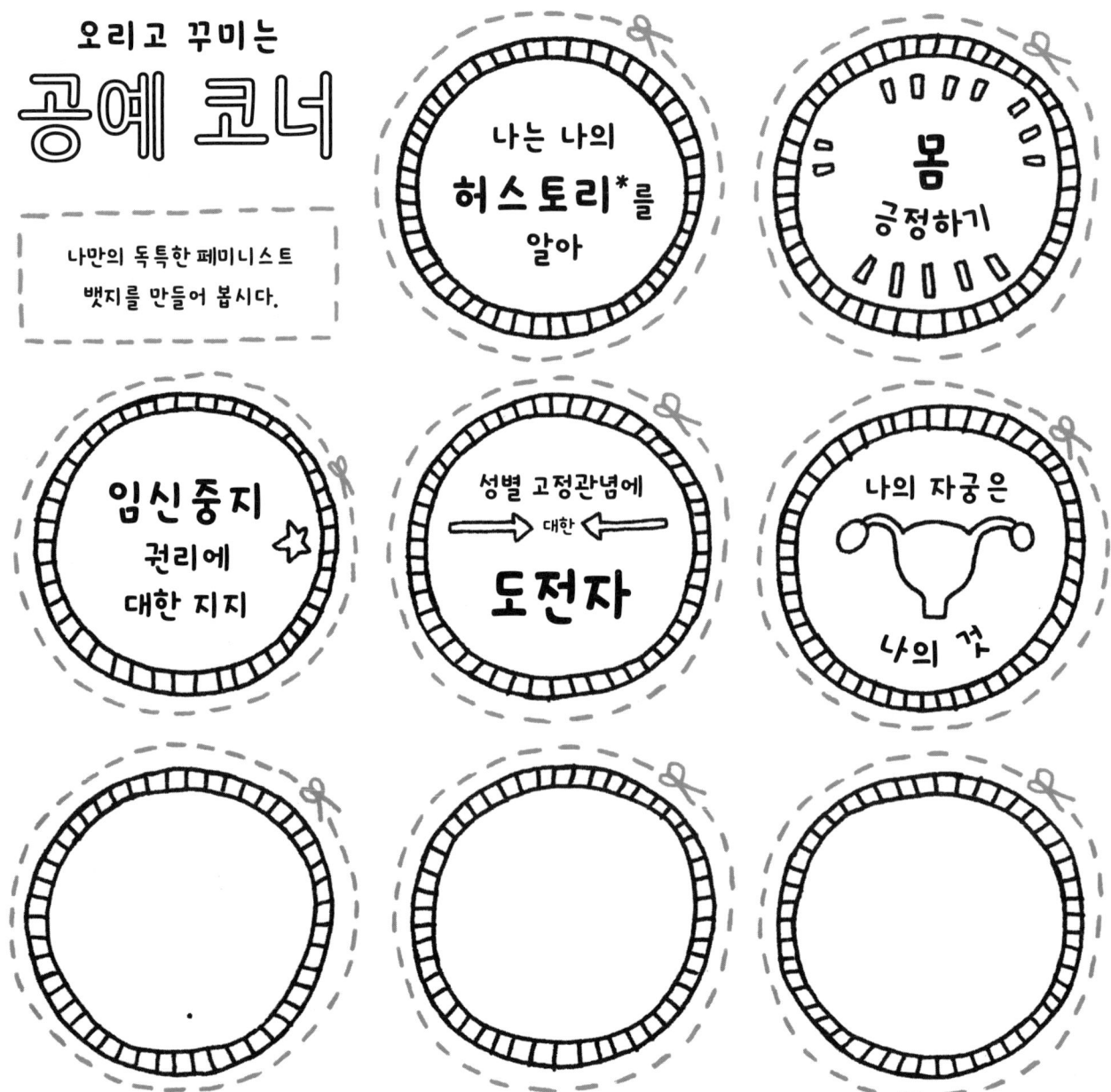

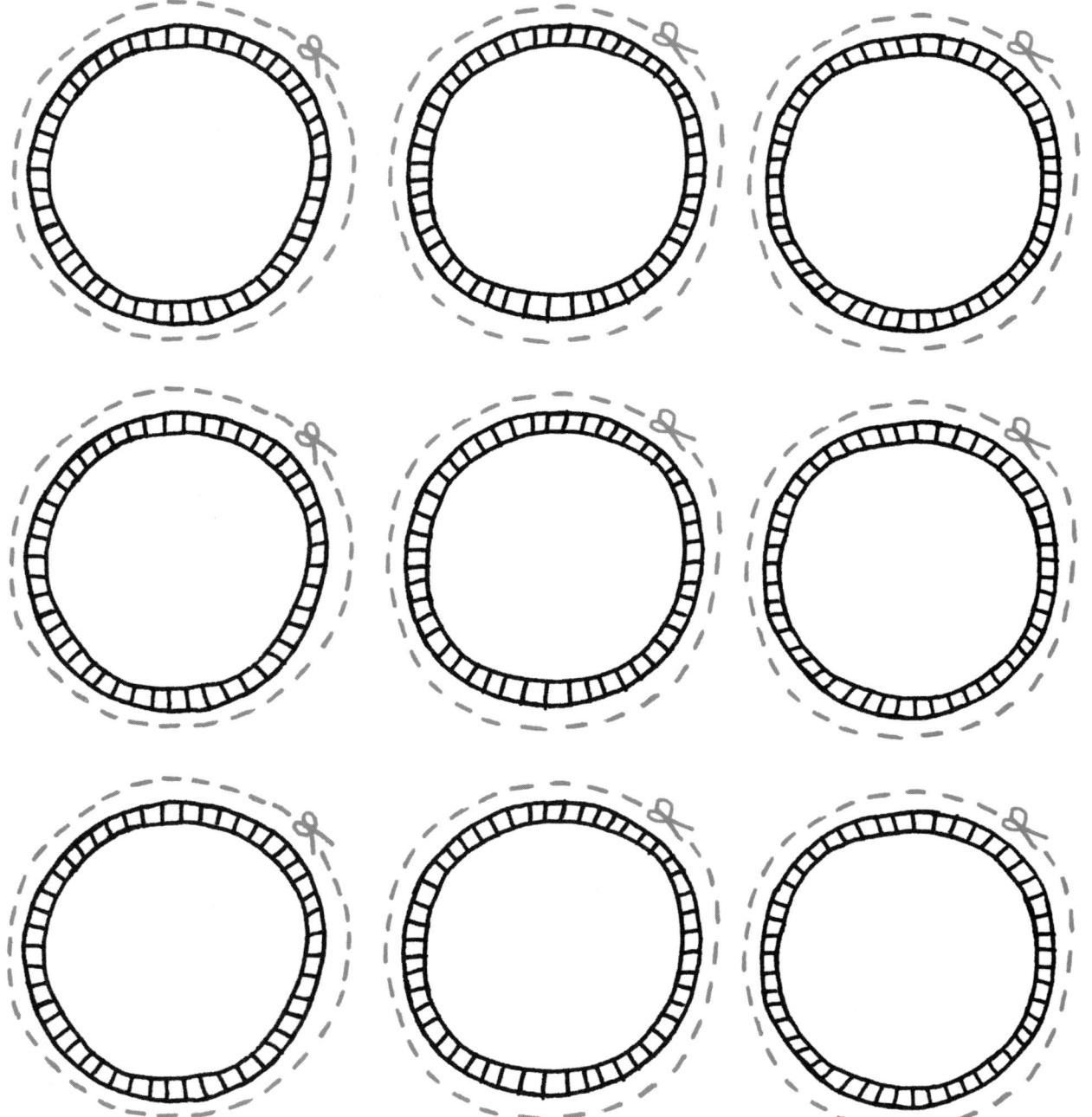

끄적끄적
FEMINIS-T-SHIRTS

낱말 찾기

(낱말은 가로, 세로, 대각선, 앞쪽/뒤쪽 방향으로 연결됩니다.)

ANDROCENTRISM(남성 중심주의), **INTERSECTIONAL**(교차성의), **GENDER**(젠더, 사회문화적 성), **SEX**(섹스, 생물학적 성), **QUEER**(성소수자), **MISOGYNY**(여성 혐오), **HERSTORY**(허스토리*), **SUFFRAGE**(참정권), **VULVA**(보지), **VAGINA**(질), **BRA**(브래지어), **CONSENT**(동의), **WOMB**(자궁), **AGENCY**(행위주체성), **PRIVILEGE**(특권), **CIS**(시스), **TRANS**(트랜스)

* 전통적인 역사(history) 기록이 남성중심적이었음을 비판하면서 페미니스트들이 고안한 단어

▶ 59쪽 해답 참고

끄적끄적

당신이 꿈꾸는 페미니스트 유토피아는?
여기에 그려 보세요!

색칠놀이

지영이가 가부장제의 헛소리에 맞닥뜨리지 않고 일할 수 있도록 길을 찾아봐요.

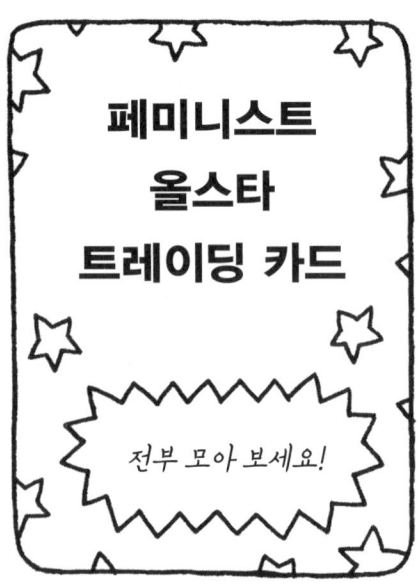

말랄라 유사프자이

노벨상 수상자,
여성 교육권 활동가

오드리 로드

작가, LGBT &
시민권 운동가

루스 베이더 긴즈버그

미국 연방대법원 판사

로라 베이츠

작가, 일상의 성차별
드러내기 프로젝트 창시자

체를리나 멕스웰

정치평론가, 작가,
미디어 활동가

줄리아 세라노

생물학자, 작가,
예술가, 퀴어활동가

왜 여성들의 젖꼭지는 꽁꽁 감춰야 하고, 드러내면 꼴불견 취급을 받을까요?

자, 여기 남자들의 젖꼭지가 있어요.
이것들을 쓱싹쓱싹 잘라 봅시다.
그리고 여성의 가려진 가슴 사진에 붙여 봐요.
공공장소나 대중 매체에서 여성들의 젖꼭지가 당당하게 드러날 수 있도록 말이죠!

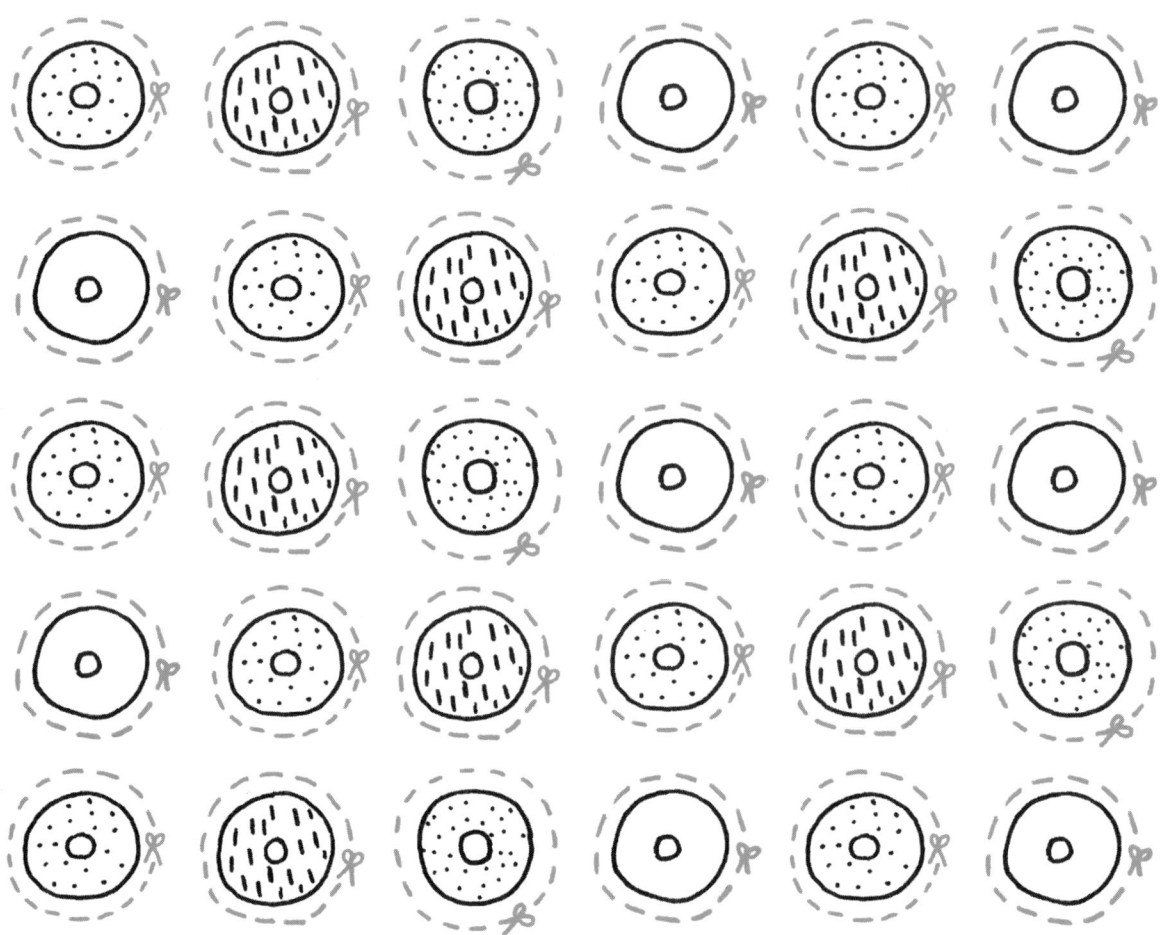

가부장제 뿌셔버려!

가부장제 사회에 부글부글하는 당신.
분노를 담아 가부장제로 도배된 페이지를
도려내! 갈기갈기 찢고! 낙서를 휘갈겨! 완전히 박살내!
속이 좀 후련해질 거예요.

* 1- 성별고정관념   2- 왜곡된 미의 기준   3- 임금차별   4- 가정폭력   5- 강간문화   6- 피해자를 비난하는 말들

알쏭달쏭 수수께끼

브라운씨는 수업 시간에 상으로 사과를 준다. (브라운씨는 좀 이상한 사람이다)

남성인 데이브가 사과 100개를 받는다면, 여성인 다니엘라는 사과 77개를 받는다. 아프리카계 미국인인 데니스는 사과 68개를 받는다. 라틴계 미국인인 다야는 사과 58개를 받는다. 장애인인 도리스는 사과 22개를 받는다.

공평한가?

A: 아니, 전혀 공평하지 않다.
더러운 둥으로 태어난 미국 내 인종 차별이 당연히 존재한다.
백인 남성이 받는 많은 혜택을 위해서 다른 이들이 희생되어 왔다.

엘레나는 모두가 평등해야 한다고 생각한다. 그러나 남자를 싫어하지도 않고 화장이나 예쁜 옷을 입는 걸 즐기기 때문에, 자신이 페미니스트는 아니라고 한다.

Q: 엘레나는 자신을 뭐라고 불러야 할까?

A: 엘레나는 그녀 자신을 페미니스트라고 불러도 된다.
페미니즘이 남성혐오를 뜻하지 않으며, 화장하거나 예쁜 옷을 입는 것과도 아무 상관이 없기 때문이다.

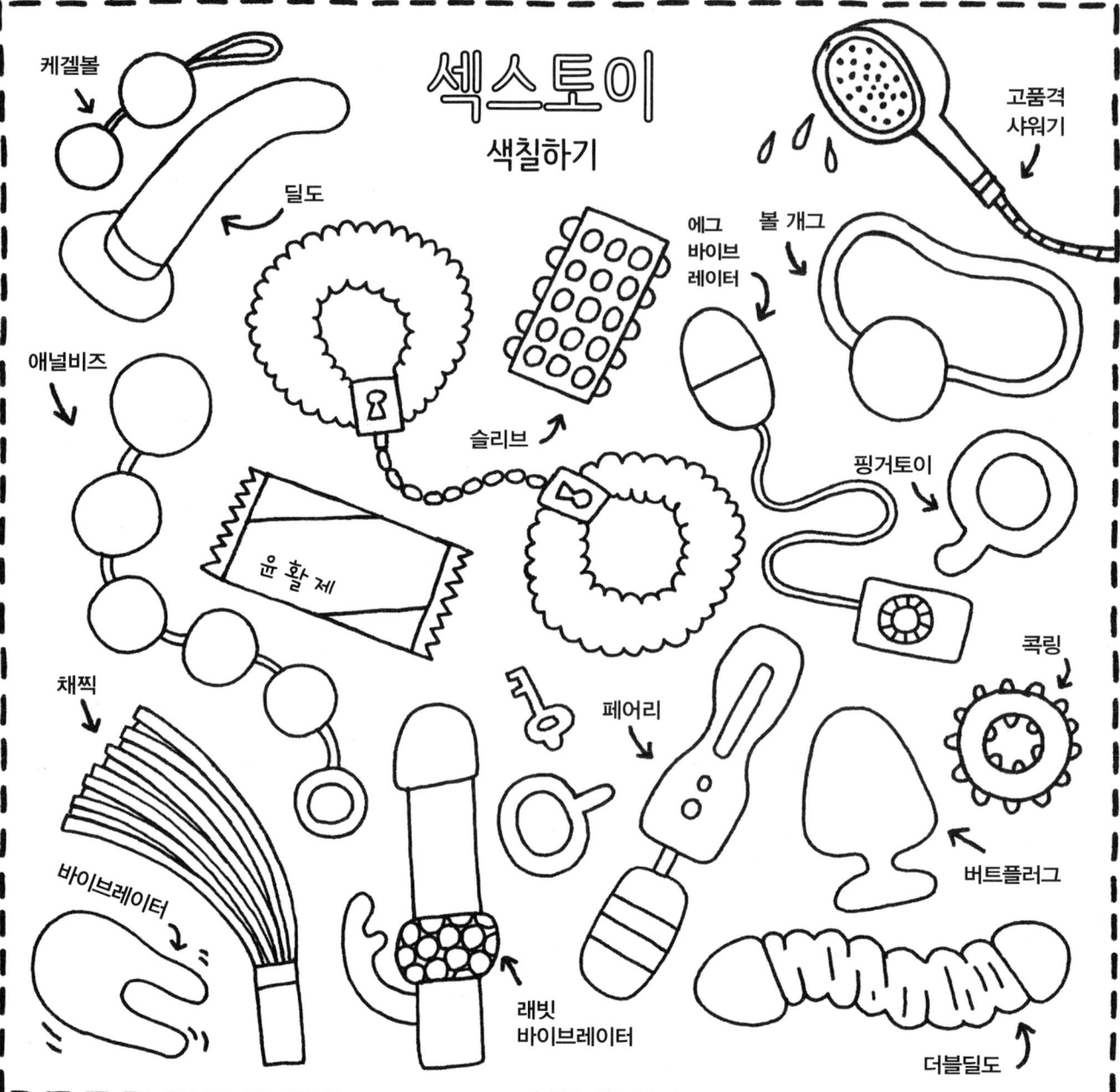

SNS 빙고게임

페미니즘에 관한 글을 SNS에 올려 봅시다. 이런 저런 댓글들이 달리겠죠?
댓글 중 빙고판에 있는 의견이 달린다면 표시하면 됩니다. 혼자하거나 친구랑 해 보세요. 재미있답니다!

왜 세계 남성의 날은 없어?	[강간 위협들]	"…하지만 여자들도 그러잖아."	억울하겠지. 아무도 너 같은 애랑 자고 싶어 하지 않을 테니.	이건 역차별이야!
너 페미나치?	"농담도 못하냐?"	넌 너무 예민해	그날이냐?	#전혀 상관없는 논리전개
이것보다 더 중요한 문제가 많지 않나요?	"나는 여잔데 차별받는다고 느낀 적 없는걸!"	표현의 자유	피해망상 쩌네	성차별은 더 이상 존재하지 않아.
"히스테리 시작이네."	(과학적 근거자료를 대며) 생물학적으로 남성이 우월한 건 사실이지. #남성우월은 사이언스	#일부 남성들의 문제	너는 꼭 욕먹을 소리를 하더라.	[맨스플레인]
[조작된 통계자료]	나는 페미니즘이 필요 없어. 왜냐면…	"하지만 여자도 남자를 대상화하잖아!"	"임금격차"란 건 근거 없는 소리야.	[헛소리하는 글에 링크 걸기]

대화 시작 도우미 카드

"페미니즘"은 당신에게 어떤 의미인가요?	자기 자신을 **페미니스트**라고 말할 수 있나요?
낙태는 합법화되어야 할까요? 임신 몇 주차까지요?	**성형 수술**을 한 적이 있나요?
당신은 **개과**인가요, **고양이과**인가요?	**성매매**는 합법화되어야 할까요? 왜 그렇죠?/왜 안 되나요?

친구나 가족, 고양이와 함께 이 작은 카드로 페미니즘, 사회적인 이슈, 음식 등에 관한 대화를 시작해 보세요.

파인애플 피자 좋아요? 싫어요?	결혼해서 **성**을 바꾸면 페미니스트가 아니라고 생각하나요?
어떤 시점에서 문화 교류가 아닌 **문화의 전유**가 시작된다고 생각하나요?	**캣콜링***을 당한 당신, 듣기 좋은가요? 아니면 매우 불쾌한가요?
성관계에 동의할 수 있는 나이는 몇 살부터라고 생각하나요?	당신이 좋아하는 '**유명한 페미니스트**'는 누구인가요? 어떤 이유로요?

* 거리를 지나가는 여성에게 남자들이 휘파람을 불거나 추근대는 행위, 길거리 괴롭힘

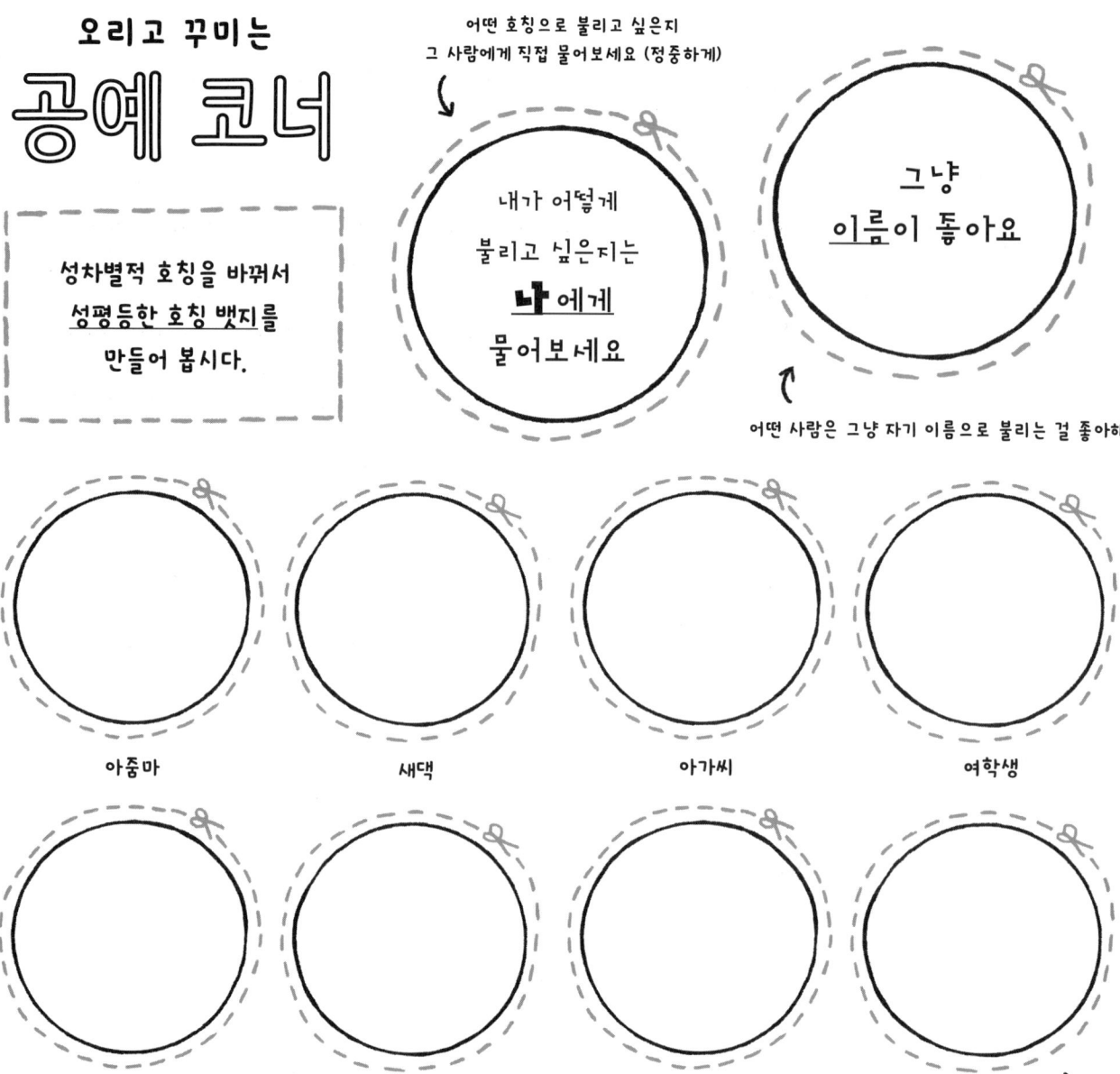

차이를 짚어 보세요

49

다음 그림에서 틀린 곳 여섯 군데를 찾을 수 있나요?

*해답: 1. 간판의 글자 TOYSHOP(토이샵)에서 S가 뒤집혔음 2. GIRLS(걸스)의 스펠링이 틀림과 L과 S가 바뀌어 써 있음 3. 오븐과 위 아래로 다리가 세 개임 4. 선반에 있는 아이의 모자가 거꾸로 되어 있음 5. 장난감의 진열 위치들이 남자 여자아이 따로 구분되어 있음 6. 고양이는 말을 할 수 없지, 애들아!

오리고 색칠하는 페미니스트 발렌타인 카드

* 교차성 : 모두가—백인, 비장애인, 시스젠더 여성뿐 아니라—페미니즘에 포함되어야 한다는 생각
** OWL : Older Wiser Lesbian의 약자로 산전수전을 다 겪은 대모격의 레즈비언 운동가들을 의미함

영어로 배우는 성건강 낱말 퍼즐

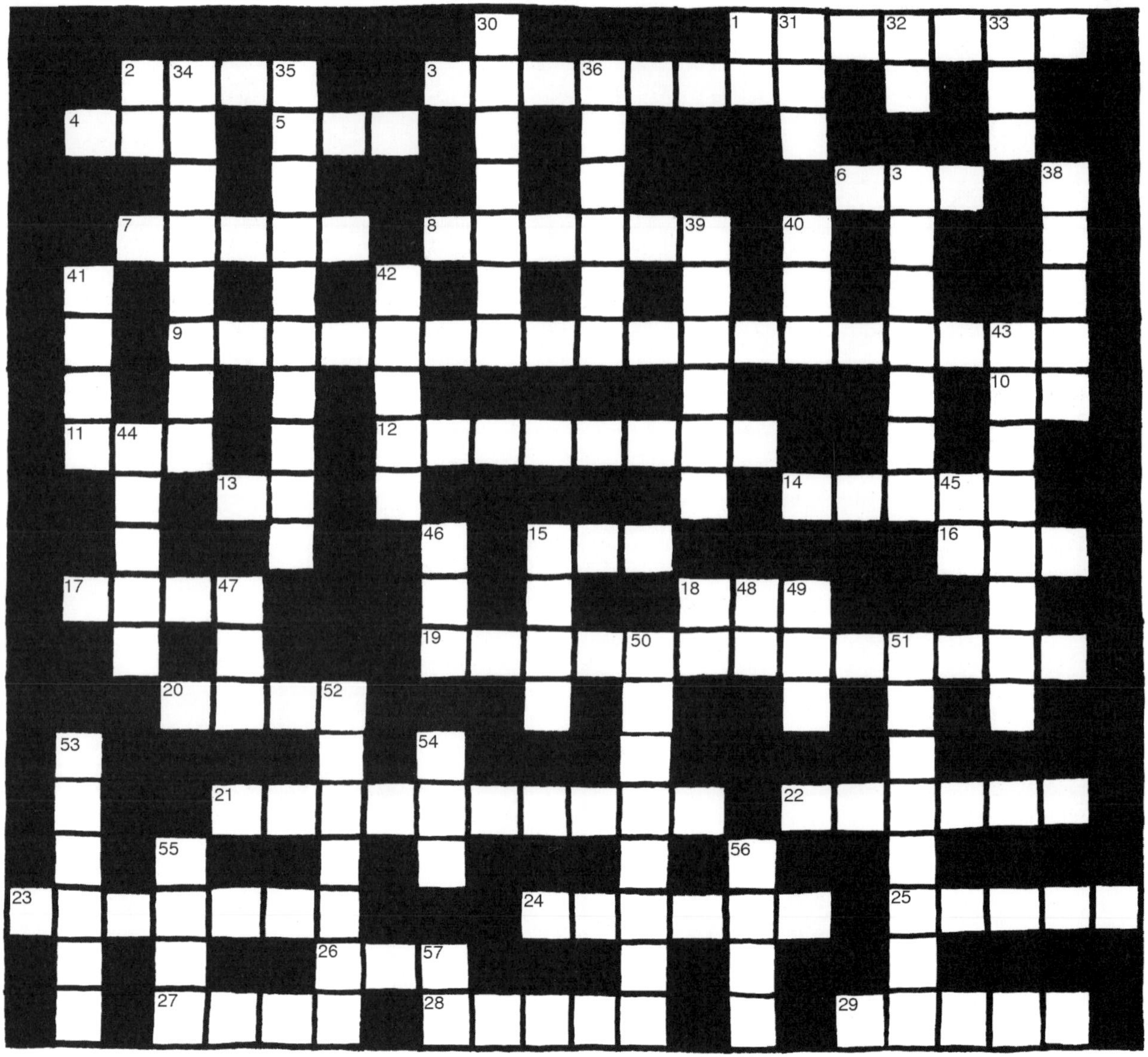

가로(CROSS)

1. 확실히, 섹스를 아주 많이 하는 동물
2. 임질을 가리키는 속어
3. 질 내부를 씻어내는 것
4. 방광, 신장 등에 세균이 감염되어 생기는 질병
5. 피하 이식 피임 기구를 삽입하는 곳
6. 곤지름을 일으키는 바이러스의 약어
7. 진료실에서 입는 가운
8. 생식기에 물집이 잡히고 아픈 증상이 두드러지는 성병
9. I.U.D의 풀네임
10. 성적으로 흥분된 상태 turned "__"
11. 가톨릭교회는 낙태를 "이것"으로 간주함
12. 프로게스틴만 함유된 경구 피임약에는 없는 호르몬
13. "__"는 "__" (세로 45번)
14. 남성 음경의 끝부분
15. 엉덩이를 지칭하는 영국식 영어 단어
16. 의사의 처방이 필요 없는 약제를 가리키는 약어
17. 삽입 섹스를 지칭하는 영국식 속어
18. 아이 혹은 어린 사람을 칭하는 말
19. 콘돔의 다른 말
20. 여성의 생식/생리 및 질병과 건강을 전문적으로 다루는 의사
21. 성적으로 자신의 몸을 만지거나 자극하는 행위
22. 여포기 - 배란기 - "_____" - 월경기
23. 동정 임신이라고도 함
24. 자궁의 끝의 좁은 부분
25. 세로 56번 답을 지칭하는 속어
26. 클리토리스처럼 작게 돌출된 것
27. 교배하다(주로 동물들의 행위를 묘사할 때 사용함)
28. 여성의 생식기의 외음부
29. 남성의 생식 기관을 통해 배출되는 정자가 포함된 액체

▶ 59쪽 해답 참고

세로(DOWN)

1. 의료 분야에 종사하는 직업 중 하나(약어)
2. X선을 이용하여 인체의 횡단면상의 영상을 획득하여 진단에 이용하는 검사의 약어
18. 윤활제 상표 중 하나/ KY 젤리타입의 윤활제 제품 이름
30. 무엇을 하기 전에 받는 허락 (예를 들어 섹스하기 전)
31. 독립적인 사생활(예를 들어 섹스)이 합법적으로 가능한 ___
32. 남성과 여성 모두에게 성적인 끌림을 느끼는 사람
33. 여성의 가슴을 지칭하는 비속어
34. Tubal "_____" – 나팔관을 막는 영구적 여성 피임수술
35. Planned "_____" – 성과 재생산/생식에 관한 건강/의료 서비스를 제공하며 미국과 다른 국가들에서도 활동하는 국제단체
36. 호르몬을 함유하지 않은 자궁 내 피임 기구는 주로 이것으로 만들어짐
37. DEPO "_____" – 주사에 의한 피임법
38. 질 입구 주변을 부분적 또는 완전히 덮고 있는 막
39. Margaret "_____" – 교육자, 작가, 간호사이자 피임운동의 제창자인 미국의 여성 운동가
40. 섹스를 하는 전형적인 장소
41. 입술에 하는 (성적) 접촉
42. 대부분의 콘돔은 이 물질로 만들어짐
43. The "_____" Act – 음란한 내용을 담은 서적의 순환과 유통을 금지하기 위해 1873년에 통과된 법 (예: 피임과 관련한 서적)
44. 질염에 걸리면 나타나는 증상
45. "__"는 "__" (가로 13번)
46. The Cervical "___" – 질 상부를 막는 형태의 피임기구
47. 동성애자를 흔히 이렇게 부름
48. (세로 31번)이 17세인 미국의 주의 약자
49. Dental "___" – 오럴 섹스에 의한 성병을 예방하는 기구
50. 과거에 "성적으로 충족되지 못한" 여성에게 흔히 내려진 진단
51. 남자의 생식샘
52. 사회에서 흔히 비도덕적이고, 역겹다고 여겨지는 것
53. 환자들이 세로 35번과 같은 의료센터에 안전하게 들어갈 수 있도록 돕는 자원봉사자를 부르는 말
54. "가로 29번 정답"을 칭하는 비속어
55. 여성의 생식 세포
56. Pubic "____" – 음모에 기생하는 아주 작은 기생충
57. 질 내부에 세균이 증식하여 생긴 질병의 약어

여성 잡지 해방

당신만의 빛나는 여성 잡지를 만들어 보세요.

아래 나열된 리스트를 보고 떠오르는 단어들을 적은 후 매거진 표지에 번호대로 넣어 보세요.

* 최대한 재미있게 하기 위해서 단어를 떠올리는 동안 오른쪽의 표지 내용은 보지 마세요~

1. 과일 _____
2. 야채 _____
3. 만화 캐릭터 _____
4. 허브 _____
5. 감정 _____
6. 신체 부위 _____
7. 신화 속 동물 _____
8. 양념 _____
9. 직업 _____
10. 진행형 동사 _____ (하)는
11. 동물 _____
12. 진행형 동사 _____ (하)는
13. 조리 도구 _____
14. 곤충 _____

길거리 괴롭힘
대처 키트

색칠하고 오려서 사용해 보세요.
거리를 걷고 있는데 어떤 남자가 당신을 향해 "웃어봐" 또는
"기운 내, 자기" 라며 치근댔을 때 바로 내밀어 보세요.

안녕하세요.
제 이름은

"자기"
"섹시하네" 가 아니에요!
"오, 가슴 큰데!"

여자들에게 치근대는 남자들에게 선물할 흥미로운 퀴즈!
- 오려서 그들에게 선물하세요~

나 이 여자한테
들이대도 되냐?

아니.

주의!
길거리 괴롭힘을 당한 상황에서 안전에 위협이
느껴진다면 대응하지 말고 바로 자리를 피하세요.
필요하다면, 112에 신고하세요.

여자한테
웃으라고 하지마

직접 디자인
해 보세요.

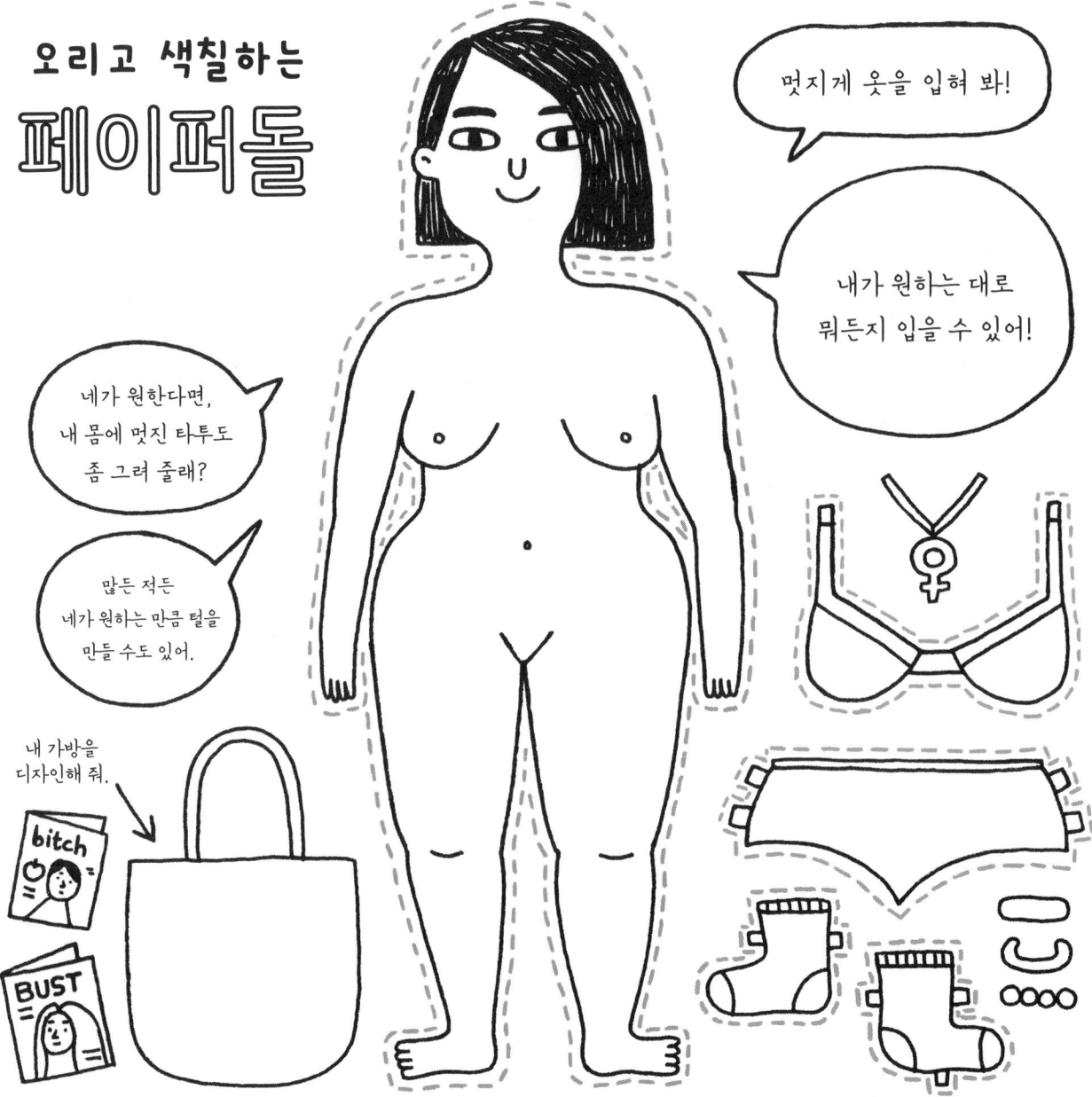

찾아보는 용어 사전

남성중심주의 — 남성의 이익만을 강조하거나 남성의 관점에만 초점을 두는 것

몸 긍정하기 — 스스로의 몸을 받아들이고, 사이즈나 모양에 상관없이 다른 이의 몸 또한 받아들이는 것

동의 — 무언가(예. 섹스) 하기 전에 받는 허락

젠더 이분법 — "남성/남성적인" 혹은 "여성/여성적인"이라는 두 가지 관점으로만 세상을 나누는 것

허스토리 — 페미니스트 관점으로 고찰하거나 서술한 역사, 혹은 여성의 경험에 특별히 주목한 역사

이성애 규범성 — 성적 표현 중 오직 이성애만이 '정상적'이고 '자연적'이라고 믿는 것

교차성 — 모두가—백인, 비장애인, 시스젠더 여성뿐 아니라—페미니즘에 포함되어야 한다는 생각
  * "시스젠더"의 뜻이 헷갈리나요? 해답 페이지로 가세요

맨스플레인 — 남성이 여성에게, 명백히 그녀가 이미 알고 있는 것에 대해 설명하는 것

미소지니 — 여성에 대한 강력한 혐오나 증오

가부장제 — 여성성보다 남성성을 더 높게 평가하고, 주로 남성이 권력을 쥐고 여성은 그로부터 거의 배제시키는 사회나 제도

특권 — 우리 모두가 다른 사람들보다 이점을 갖고 있다는 생각
  (예. 비장애인이거나, 남성이거나, 백인이거나, 고학력 등)

강간 문화 — 성폭력을 정상화하는 사회(적 관념)

해답

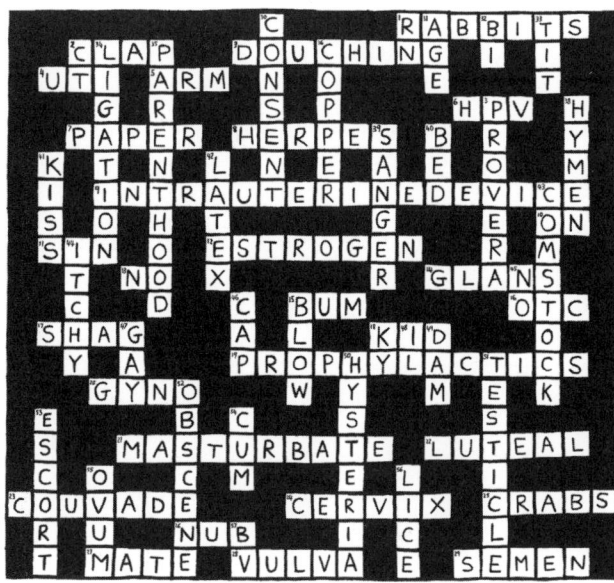

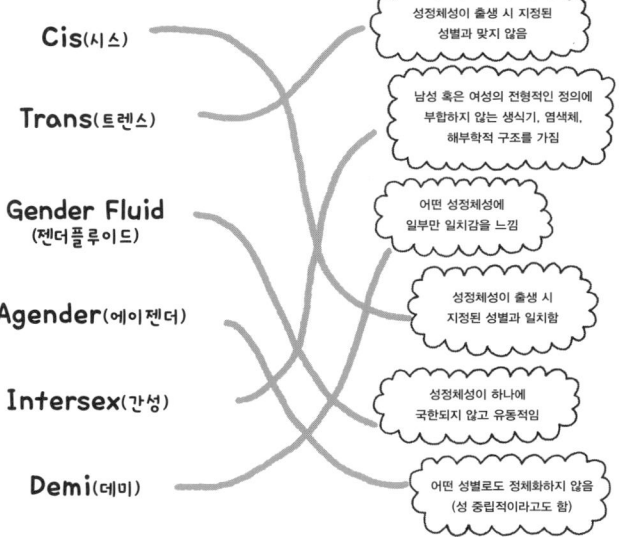

감사의 말

큰 도움을 주시고 언제나 지지해 주신 실 출판사의 스테파니 냅과 모두에게 감사를 전합니다. 이 책을 재밌게, 많은 사람들이 볼만하게끔 만드는 데 영감을 줬을 뿐 아니라 아이디어와, 차와 케익도 제공해준 세 명의 환상적인 페미니스트 친구들, 토리 칸, 시오프라 코너, 앰버 그린에게도 감사를 전합니다. 영국과 미국(그 너머까지!)에 있는 다른 친구들과 가족들에게도 지속적인 지원에 감사드려요. 그리고 아침마다 녹차를 갖다 주고 모든 스캔을 해주는 앤소니와 내가 필요로 할 때 최고의 포옹을 해주는 나의 반려견, 미스터 피클과 벨라, 언제나처럼 고마워요.

The Feminist Activity Book : 페미니스트 액티비티 북

2018년 12월 10일 1판 1쇄 인쇄
2018년 12월 10일 1판 1쇄 펴냄

지은이　　젬마 코렐
그린이　　젬마 코렐
옮긴이　　한국여성의전화
펴낸이　　윤한룡
영업·관리　박수정
편집　　　한지혜
디자인　　윤한내

펴낸곳　　(주)실천문학
등록　　　10-1221호(1995.10.26)
주소　　　서울특별시 중랑구 상봉로 110, 1102호
전화　　　322-2161~5
팩스　　　322-2166
홈페이지　www.silcheon.com

ⓒ 젬마 코렐, 2018
ISBN 978-89-392-3025-5 27330

이 책 내용의 전부 또는 일부를 재사용하려면
반드시 지은이와 실천문학사 양측의 동의를 받아야 합니다.

이 도서의 국립중앙도서관 출판시도서목록(CIP)은 e-CIP홈페이지(http://www.nl.go.kr/ecip)와
국가자료공동목록시스템(http://www.nl.go.kr/kolisnet)에서 이용하실 수 있습니다.
(CIP제어번호:CIP2018028695)